Depressionen überwinden

*Negative Gedanken,
negatives Denken
&
Traurigkeit überwinden
Selbstzweifel
&
Ängste loswerden
Keine schlechte Laune,
dafür Lebensfreude
&
glücklich werden
Selbsthilfe Buch*

Inhaltsverzeichnis

Depressionen überwinden und endlich unbelastet durchstarten

In Deutschland alleine, leiden ungefähr vier Millionen Menschen an einer Depression. Sie gehört zu den häufigsten Erkrankungen zusammen mit Herzinfarkt und Krebs. Im Gegensatz zu den körperlichen Erkrankungen, fehlt es in der Bevölkerung vielfach an Akzeptanz, da psychische Erkrankungen immer noch ein Tabuthema sind.

Treffen können sie aber jeden, gerade weil die psychischen Probleme auch vermehrt im Arbeitsleben zum Thema werden, da große Belastungen zu einem Burnout führen. Burnout ist aber nur eine andere Bezeichnung für eine Depression. Jeder kennt das Gefühl, ein wenig traurig zu sein.

Genauso kennen Sie die Gefühle, die sich einstellen, wenn die Tage im Herbst wieder kürzer werden genauso wie die bedrückend frühe Dunkelheit im Winter. Diese jahreszeitbedingten Empfindungen werden als Herbst- oder Winterdepression bezeichnet. Genauso gibt es den sogenannten Montagsblues, indem Sie gar nicht richtig in die Gänge kommen. Warum entstehen diese Gefühle?

In der heutigen Arbeitswelt zählt nur Leistung, die mit viel Arbeit einhergeht. Doch wer viel arbeitet, immer am Limit fährt und volle Leistung bringt, kommt zwangsläufig an den Punkt, indem sich ein ausgebrannt sein und eine völlige Leere einstellen. Sie fühlen sich abgeschlagen, kraftlos, es fehlt die nötige Motivation, es entstehen Selbstzweifel, innere Unruhe, Schuldgefühle, Schlafstörungen, Konzentrationsschwierigkeiten, Appetitlosigkeit, Pessimismus und Ängste.

Doch leider kann sich keiner aussuchen, wie stark eine Situation die eigene Gefühlslage belastet. Um diesen belastenden Gefühlen zu entkommen und wieder unbelastet durchzustarten ist es wichtig, dass Sie erkennen, worauf Ihre momentane Gefühlslage begründet ist. Sind es wirklich ausgewachsene Depressionen oder aber nur Gefühle wie Trauer, überfordert sein oder Lustlosigkeit, die Sie begleiten. Aus diesem Grund ist es wichtig, dass Sie zuerst einmal herausfinden, was Sie bedrückt.

Depressionen – eine einfache verständliche Definition

Depressionen sind eine Störung der Psyche, die weltweit stark verbreitet ist. Kennzeichen dafür sind Traurigkeit, der Verlust des Interesses und der Fähigkeit zu genießen, Schuldgefühle, Schlafstörungen, Müdigkeit, Konzentrationsschwierigkeiten und ein geringes Selbstwertgefühl.

Mitunter treten sie über einen längeren Zeitraum auf oder kehren in Intervallen immer wieder und beeinträchtigen die Fähigkeit zu lernen, zu arbeiten oder einfach das gesamte Leben.

Die Depressionen können sogar soweit führen, dass der Lebenswille schwindet und dem Leben mit Suizid ein Ende gesetzt wird.

Um sie verlässlich zu diagnostizieren und eine richtige Behandlung bei der primären Gesundheitsvorsorge zu verordnen, muss kein Spezialist herangezogen werden. Liegen allerdings schwere, komplizierte Depressionen vor, bei denen mit der primären Gesundheitsvorsorge keine Veränderungen des Zustands erzielt werden, ist eine spezialisierte Versorgung erforderlich. Bereits in jungen Jahren können Depressionen auftreten. Frauen sind häufiger betroffen als Männer. Genauso gehören Arbeitslose zu dem stark gefährdeten Personenkreis.

Depressionen gehen nicht von alleine weg. Auch aufmunternde Worte von anderen haben keine Wirkung auf den Zustand, indem sich ein depressiver Mensch gerade befindet. Wer in einer akuten Depression steckt, schafft es nicht, selbst alltägliche Dinge und Routinen durchzuführen oder Aufgaben zu erledigen.

Äußerlich mögen solche Menschen den Eindruck erzeugen, dass sie sich lediglich selbst im Wege stehen oder nur anstellen. Das Umfeld kommt schnell zu dem Entschluss, dass die Phase mit ein wenig gutem Willen schon vorbeigeht.

Verkannt wird vielfach dabei, dass es sich bei Depressionen um eine schwere, ernstzunehmende psychische Erkrankung handelt, die sich nicht alleine mit Selbstdisziplin und gutem Willen behandeln lässt. Vielmehr gerät sie außer Kontrolle. Die Medizin unterscheidet Depressionen in verschiedene Formen:

- leichte Depressionen
- mittlere Depressionen
- schwere Depressionen

Die leichte, milde Variante ist ohne spezielle Medikamente behandelbar.

Bei mittleren und schweren Depressionen sind Medikamente und eine professionelle Gesprächstherapie unumgänglich. Wer an schweren Depressionen leidet, erlebt eine starke Einschränkung in allen Bereichen des Lebens.

Solche Menschen schaffen es vielfach nicht mehr, morgens früh aufzustehen, bleiben den ganzen Tag im Bett und vernachlässigen selbst die körperliche Hygiene.

Die verschiedenen Anzeichen und Symptome von Depressionen

Depressionen gibt es in verschiedenen Ausprägungsgraden und Formen. Die am häufigsten auftretende Form ist die unipolare Depression, die auch als monopolare Depression bezeichnet wird. Von dieser Form sind zwei Drittel der Erkrankten betroffen. Die psychischen und physischen Symptome stellen sich folgendermaßen dar:

Psychische Symptome

- **innere Leere:** Es wird eine große Traurigkeit empfunden, die mit Mut- und Hoffnungslosigkeit verbunden ist. Es gibt nichts, worüber Sie sich freuen und keine Dinge, die Ihnen Spaß machen. Das Gefühl der inneren Leere breitet sich immer weiter aus.

- o **Angst:** Es machen sich große Ängste breit. Die Gedanken bei einer schweren Depression kreisen vielfach nur noch um Tod oder Suizid.

- o **Selbstzweifel:** Situationen, die Sie als hoffnungslos wahrnehmen, schwächen extrem das Selbstvertrauen. Folge davon sind Schuldgefühle und ein Verlust des Selbstwertes. Sie sehen sich als minderwertige Person. Mitunter steigern sich betroffene Menschen in die Vorstellung hinein, dass früheres Fehlverhalten mit der Erkrankung bestraft wird.

- o **Energieverlust:** Durch Energie- und Antriebslosigkeit fehlt die Kraft, selbst einfache Alltagsdinge zu erledigen. Genauso fällt es sehr schwer, Entscheidungen zu treffen.

Es fehlt an der nötigen Konzentration, sodass jede Herausforderung zu einer großen Überforderung wird, die vor der Erkrankung problemlos gemeistert wurde.

Physische Symptome

- Als **körperliche Anzeichen** treten starke Schlafstörungen auf. Weitere Symptome sind Essstörungen, körperliche Unruhe, Verlust der Libido, das Interesse ermüdet, es stellt sich eine körperliche und geistige Trägheit ein. Sie entwickeln eine Art Schlafsucht oder ein starkes Schlafbedürfnis, das mit Bewusstseinsstörungen verbunden ist. Ebenfalls können Atemnot, Beklemmungsgefühle in der Brust, Schluckstörungen, Übelkeit, Schwindel, diffuse Rücken-, Magen- und Kopfschmerzen auftreten.

Diese Symptome sind häufig bei Männern zu finden. Eine medizinische Ursache kann der Arzt dafür aber nicht finden.

<u>Folgende Warnzeichen deuten auf eine Depression hin:</u>

- ➤ Interessenverlust
- ➤ Getrübte Stimmung
- ➤ Konzentrationsschwierigkeiten
- ➤ fehlender Antrieb
- ➤ Gefühl von innerer Leere
- ➤ Mangelnder Selbstwert
- ➤ Schlafstörungen
- ➤ Schuldgefühle
- ➤ Grübeln
- ➤ Gedanken an Selbstmord
- ➤ Pessimismus
- ➤ Appetitlosigkeit
- ➤ Angst
- ➤ große Selbstzweifel

Treten neben den Symptomen, grundlos extrem gute Laune und übertriebene Stimmungen auf, werden die Depressionen als bipolare Störung bezeichnet. Früher wurde dafür die Bezeichnung manisch-depressive Störung verwendet.

Was ist die Ursache für Depressionen und wer ist betroffen?

Egal, ob Kind, Erwachsener, Manager, Frau oder Mann – Depressionen können sich bei jedem einstellen. Am häufigsten treten Depressionen im Alter zwischen 30 und 40 Jahren auf. Gemäß einer aktuellen Studie ist die Erkrankung auch schon bei vielen Menschen zu finden, die bedeutend jünger als 30 Jahre sind. Erstaunlich ist, dass viel mehr Frauen an Depressionen leiden als Männer.

In Zahlen ausgedrückt sind es fast doppelt so viele. Warum das so ist, gibt der Wissenschaft und Medizin immer noch große Rätsel auf. Zudem sind bis heute die Ursachen noch nicht völlig erforscht. Herausgefunden wurde aber, dass sich die Ursachen unterschiedlich gestalten und nicht in Abhängigkeit mit äußeren Umständen stehen.

Wird im Körper nach Hinweisen für eine Depression gesucht, fällt auf, dass der Hirnstoffwechsel aus dem Gleichgewicht geraten ist. Auszumachen ist, dass kein Gleichgewicht bei den Botenstoffen Dopamin, Serotonin und Noradrenalin besteht. Sie sind dafür zuständig, dass die Impulse zwischen den Hirnzellen richtig übertragen werden. Diese Störung kann durch folgendes hervorgerufen werden:

- Auslöser für Depressionen können **Krankheiten** wie Parkinson, eine Schilddrüsenunterfunktion, Hormonstörungen und Tumore sein. Dabei sind es nicht die Erkrankungen selbst, sondern der Leidensdruck, der sich durch die chronische Krankheit einstellt. Diese wirkt sich negativ auf die menschliche Psyche aus. Krebskranke, Diabetiker und Menschen, die eine schwere Herz-Kreislauf-

Erkrankung haben, leiden oftmals auch an Depressionen.

- Bestimmte **Medikamente** beeinflussen die Psyche negativ. Bei denjenigen, die beispielsweise Herz-Kreislauf-Medikamente, sogenannte Betablocker oder Kortison und Antiepileptika sowie Mittel gegen Parkinson nehmen müssen, können Depressionen auftreten. Das Gleiche gilt auch bei der Einnahme der Antibabypille.

- Ein akuter, psychischer Schock, Langzeitarbeitslosigkeit und chronischer **Stress** können ein Auslöser für Depressionen sein. Aber auch massive Selbstkritik, eine ausgeprägte Leistungsorientierung und der Hang zum Perfektionismus stellen Faktoren dar, die das Risiko erhöhen, Depressionen zu bekommen.

- Eine große Rolle spielen auch psychologische Faktoren wie negative Denkweisen, die Sie erworben haben. Sie begründen sich vielfach auf **negativen Erfahrungen**, vielleicht auf Missbrauch und Gewalt, die Ihnen in der Kindheit zugefügt wurden. Einen genauso großen Einfluss haben aber auch spätere Erfahrung, die ein negatives Selbstbild entstehen lassen. Die Ursache hierbei suchen Sie bei sich selbst und übersehen, dass äußere Einflüsse beispielsweise der Grund für den Jobverlust waren. Sie haben das Gefühl die Kontrolle zu verlieren. Interessant ist der Nachweis, den der amerikanische Psychologe Martin Seligman erbracht hat. Dieser besagt, dass es einen Zusammenhang zwischen der erlernten Hilflosigkeit, die sich auf dem Gefühl begründet, keinen Einfluss mehr auf bestimmte Umstände zu haben und Depressionen gibt.

- In unterschiedlichen Studien hat sich gezeigt, dass die **Lebensumstände** große Auswirkungen auf die psychosoziale Gesundheit haben. Ein Drittel der Erkrankten wurden vor der Erkrankung mit einem akuten oder dauerhaft belastenden Ereignis konfrontiert. Entscheidende Momente können auch ein Auslöser für Depressionen sein, wie beispielsweise die Geburt eines Kindes oder der Tod eines Ihnen nahestehenden Menschen. Lebensphasen wie der Eintritt ins Rentenalter, die Pubertät oder eine berufliche Umorientierung können mitunter dazu führen, dass Depressionen auftreten.

Gemäß der Weltgesundheitsorganisation WHO ist davon auszugehen, dass bis 2020 der zweithäufigste Grund für Arbeitsunfähigkeit Depressionen sind. Einige Wissenschaftler vertreten die Überzeugung, dass jeder Mensch eine Veranlagung für Depressionen hat. Das glaubt auch der Schweizer Psychiater Raymond Battegay. Die Symptome einer Depression gestalten sich bei beiden Geschlechtern sehr unterschiedlich. Dementsprechend wird auch anders damit umgegangen.

Frauen gehen offener mit psychischen Problemen um, Männer ziehen sich eher zurück, legen ein aggressives Verhalten an den Tag und lassen sich auf riskante Manöver ein. Bei Männern kann ein erhöhter Alkoholkonsum ein Anzeichen für Depressionen sein.
Grund dafür sind meistens rollentypische Verhaltensmuster, da weinen als unmännlich und als Schwäche gesehen wird.

Auch bei denjenigen, die wegen Depressionen eine psychotherapeutische Behandlung in Anspruch nehmen, sind die Frauen in der Überzahl. Dann scheint bei Männern ja alles in Ordnung zu sein.

Leider ist das aber nicht so. Die Selbstmordrate bei Männern ist beispielsweise in Russland fünfmal höher als bei Frauen. Einmal in Deutschland geschaut, ist sie dreimal höher und steigt mit zunehmendem Alter der Betroffenen dramatisch an, wenn die 65 Jahre überschritten werden. Damit rückt Deutschland auf die gleiche Stelle wie Russland.

Depressionen bei Männern, die zum Suizid führen, scheinen sich darauf zu begründen, dass sie offenbar den Verlust der Partnerin oder eines geliebten Menschen schlechter verkraften. Sie war die einzige Person in ihrem Leben, gegenüber der sie sich geöffnet haben.

Ist diese Person auf einmal nicht mehr da, fällt es Männern äußerst schwer, über Gefühle zu sprechen. Dementsprechend gestaltet sich auch eine Therapie als schwierig.

Depressionen sind durchaus heilbar. Allerdings gibt es ein Problem. Denn nur die wenigsten nutzen den Weg zum Therapeuten, um Depressionen zu überwinden, obwohl die Chancen sehr gut sind. Die Voraussetzung, dass eine Therapie funktioniert ist die Erkenntnis und die eigene Mitarbeit. Je früher mit einer Therapie begonnen wird, desto besser. Damit verhindern Sie, dass der Zustand chronisch wird und nicht mit Medikamenten behandelt werden muss.

Es gibt folgende Therapieansätze für die Behandlung von Depressionen, die je nach Ausprägung zum Einsatz kommen:

- o Bei einer **Psychotherapie** wird meist eine kognitive Verhaltenstherapie eingesetzt. Dabei werden zusammen mit dem Therapeuten negative Verhaltensmuster aufgedeckt und neue Handlungsmöglichkeiten entwickelt und erlernt.

- o **Medikamente** wie Antidepressiva kommen bei mittleren und schweren Depressionen zum Einsatz. Begleitet wird die medikamentöse Behandlung von einer Psychotherapie.

- o In Kombination mit anderen Therapien wird auch Bewegungstherapie eingesetzt. Sport sorgt nämlich dafür, dass Serotonin ausgeschüttet wird. Dieser Botenstoff kann bei einer leichten Depression sehr hilfreich sein.

Unterschiedliche Formen von Depressionen einmal genauer betrachtet

Eine als Depression bezeichnete Gefühlslage oder ein bestimmtes Verhalten ist nicht immer gleich eine schwere psychische Erkrankung. Vielleicht steckt auch nur Verzweiflung, der Herbstblues, Montagsblues oder ein bedrückendes Gefühl in den Wintermonaten, die sogenannten Winterdepressionen dahinter.

Ein genaues Hinschauen lohnt sich, um die eigenen Gefühle richtig zu deuten und ihnen richtig zu begegnen.

Verzweiflung

Es gibt immer wieder Situationen im Leben, in denen es weder vor noch zurückgeht. Es stellen sich negative Gedanken ein und Sie sind scheinbar nur noch von Sorgen und Problemen umgeben.

Diese führen zu Verzweiflung und bringen Sie an den Punkt, an dem Sie nicht mehr weiterwissen. Es gibt keinen Menschen, der dieses Gefühl nicht kennt. Krisen, ein wenig verzweifelt sein und Phasen, die schwierig sind, gehören zum Leben dazu und sind überwindbar, auch wenn das Überwinden zuerst unmöglich erscheint. Doch was ist Verzweiflung, wie findet man einen Ausweg und baut neue Hoffnung auf?

Verzweiflung ist ein Wort, das im normalen Sprachgebrauch sehr oft in verschiedenen Situationen verwendet wird.

In den meisten Fällen ist dieser Begriff gar nicht passend, da es sich nicht um „wahre Verzweiflung" handelt. Diese hat nämlich eine größere Tragweite als die Sorgen und Probleme, mit denen Sie sich täglich herumschlagen müssen und die Ihre Gedanken beherrschen.

Vielmehr bezeichnet Verzweiflung den Zustand absoluter Hoffnungslosigkeit, der mit Zukunftsangst, Hoffnungslosigkeit und weiteren Aspekten einhergeht.

Wer sich in einer solchen Situation wiederfindet, klammert sich an jede noch so kleine Möglichkeit, an jeden rettenden Strohhalm und an den kleinsten Funken Hoffnung, dass es irgendwo eine Lösung gibt. Dieser kleine Funken Hoffnung führt sogar soweit, dass vollkommen abstruse Ideen umgesetzt werden, die nicht zum gewünschten Erfolg führen.

Hätten Sie diese vorher von außen betrachtet, wäre Ihnen klar gewesen, dass die Idee keine Lösung ist. Für einen verzweifelten Menschen sind sie ein letzter Versuch sich aufzubäumen, um dem Schicksal eine andere Richtung zu geben. In Geschichten ist daher immer wieder vom Mut der Verzweifelten und ihren Verzweiflungstaten zu lesen.

In der Geschichte sind gerade hoffnungslose Herrscher und Soldaten in den Krieg gezogen und haben ohne Aussicht auf Erfolg gegen einen mächtigen Gegner gekämpft. Heute brechen die Menschen die Zelte ab, lassen alles hinter sich, um noch einmal ganz von neuem anzufangen, wenn keine Hoffnung vorhanden ist, dass das alte Leben sie glücklich macht.

Verzweiflung macht sich immer dann breit, wenn ein konkretes Ereignis, das eigene Leben komplett auf den Kopf stellt.

Das kann ein Unfall mit folgenschweren Auswirkungen auf die Gesundheit, genauso wie eine Krankheit oder der Tod einer geliebten Person sein. Plötzlich, ohne Vorwarnung ist alles anders. Diese massive Veränderung kann große Auswirkungen auf die Psyche haben. Die bisherige optimistische, lebensbejahende Einstellung wird auf eine harte Probe gestellt.

Verzweiflung kann aber auch langsam und schleichend entstehen. Am Anfang ist es nur ein wenig Kummer und kleine Zweifel. Diese wachsen, gedeihen und entwickeln sich zu starker Verzweiflung. Kleine Sorgen werden immer größer und Situationen verändern sich nicht, sondern bleiben schlecht. Aus dieser Erfahrung heraus entsteht Verzweiflung, die zu andauernder Hoffnungslosigkeit führt. Diese schlechten Gefühle beruhen auf einer negativen Grundhaltung.

Sie können sich sicher sein, dass sich Krisen nicht wegdiskutieren lassen, schwierige Situationen, genauso wie Rückschläge auch immer wieder auftreten werden.

Ob daraus tiefste Verzweiflung wird, liegt an Ihnen und Ihrem Blickwinkel auf die Dinge. Wer keine Hoffnung hat, begegnet sich selbst mit Selbstzweifel, hat den Glauben an sich selbst verloren und ein angeknackstes Selbstbewusstsein. Versuchen Sie doch, diese verzweifelte Situation als neue Chance zu sehen!

Das sollten Sie sich merken: Wer keine Hoffnung und große Angst hat, befindet sich in einer Abwärtsspirale. Es werden keine Lösungen und Wege mehr gesehen, um die Probleme zu bewältigen und es wird sich zurückgezogen, um die Situation zu ertragen. Dieses ist der direkte Weg in eine schwere Depression.

Dann gibt es noch die Menschen, die Abstand zu ihrer eigenen Hoffnungslosigkeit erlangen wollen und vor der Situation flüchten. Sie brechen alle Kontakte ab und begeben sich in die soziale Isolation.

Gut gemeinte Ratschläge von Außenstehenden helfen nicht dabei, die Verzweiflung zu überwinden. Sie müssen sich aus der Negativschleife befreien und eine neue Mentalität finden.

Diese neue Einstellung hilft Ihnen dabei, Probleme und Sorgen aus dem Fokus Ihrer Gedanken zu nehmen und die Möglichkeiten und Chancen zu erkennen.

Verzweiflung ist eine gute Triebfeder, um den Status Quo zu überdenken, die eigene Situation zu hinterfragen und wichtige Änderungen vorzunehmen, die durch die Analyse ans Tageslicht kommen.

Ihre Verzweiflung und Hoffnungslosigkeit zeigen Ihnen, dass Sie so nicht weitermachen können. Also krempeln Sie die Ärmel hoch und gehen Sie die wichtigen Schritte an, anstatt in diesem Zustand zu verharren und auf der Stelle zu treten.

Zitat: *„Verzweiflung ist der einzige Weg aus der Ausweglosigkeit."* Erhard Blanck

Auswege aus der Verzweiflung

Die Verzweiflung zu überwinden und endlich neue Wege zu beschreiten ist nicht leicht und erfordert harte Arbeit, weil Sie sich selbst überwinden müssen und dabei Phasen durchleben, in denen Sie das Gefühl haben, dass die Verzweiflung niemals enden wird.

Depressionen überwinden gelingt ihnen, indem Sie sich nicht entmutigen lassen, ganz gleich, wie hoffnungslos die Situation auch erscheinen mag. Es gibt immer Mittel und Möglichkeiten. Den Weg gehen Sie alleine. Doch mit folgenden Tipps können Sie den Weg aus der Depression und der Verzweiflung herausfinden:

<u>Das Selbstbewusstsein ausbauen und stärken</u>

Mit einem starken Selbstbewusstsein verhindern Sie zwar nicht, dass sich Gefühle der Verzweiflung einstellen.

Es hilft Ihnen aber dabei, den Weg zurück ins Leben zu finden und die Hoffnungslosigkeit hinter sich zu lassen. Bestärken Sie sich in Ihrem Glauben, dass Sie derjenige sind, der Ihr Leben in der Hand hat, machen Sie das Beste aus der jeweiligen Situation und lassen Sie sich nicht von größeren Problemen oder Schwierigkeiten beeindrucken.

Indem Sie kleine Dinge in eine positive Richtung bringen, bauen Sie Ihr Selbstvertrauen wieder auf. Nutzen Sie kleine Ziele, die innerhalb eines kurzen Zeitraums umsetzbar sind.

Lernen Sie, dass Sie derjenige sind, der mit Entscheiden und Handeln eine große Veränderung des Ablaufs herbeiführen kann.

Je mehr Sie sich auf Dinge konzentrieren, die Ihr Selbstvertrauen und Selbstbewusstsein stärken, desto einfacher fällt es Ihnen, Verzweiflung zu überwinden.

Treten Sie der Verzweiflung mit Akzeptanz entgegen

Immer wieder wird der große Fehler begangen, dass der eigenen Verzweiflung, Verweigerung und Ablehnung entgegengebracht wird. Sie wird ignoriert. Schnell wird sich eingeredet, dass alles gut wird. Doch damit tun Sie sich keinen großen Gefallen. Akzeptieren Sie Ihre Verzweiflung und machen Sie sich selbst das Zugeständnis, dass Sie einfach keinen Ausweg mehr sehen. Wichtig ist, dass Sie diese Gefühle auch zulassen.

Vielleicht fließen Tränen oder Sie machen Ihrer Verzweiflung mit einem Wutanfall Luft. Es wird Tage geben, an denen Sie sich zu nichts aufraffen können und Ihnen jegliche Energie fehlt. Lassen Sie diese Emotionen ruhig heraus und verarbeiten Sie diese, auch wenn es Ihnen besonders schwerfällt.

Indem Sie sich den negativen Gefühlen stellen, machen Sie den ersten Schritt, um Verzweiflung zu überwinden.

<u>Erweitern Sie Ihren Blickwinkel</u>

Hoffnungslosigkeit und Verzweiflung beschneiden Sie in Ihrer Betrachtungsweise der Dinge. Viele Situationen sind niemals so hoffnungslos, wie sie sich gerade aus Ihrem Blickwinkel heraus darstellen. Ihre Wahrnehmung ist deutlich eingeschränkt, sodass Sie nur noch Hürden, Stoppschilder, Mauern und Schwierigkeiten sehen. Für die vielen Chancen, Möglichkeiten und Ansätze fehlt Ihnen komplett der Weitblick.

Wenn Sie es schaffen, die eingeschränkte Sichtweise und Aufmerksamkeit zu vergrößern, wird die große Verzweiflung deutlich kleiner. Sie erkennen, dass noch nicht alles verloren ist, schöpfen neue Hoffnung und finden Mittel und Wege, um die Situation positiv zu verändern.

<u>Hilfe suchen und annehmen ist keine Schande</u>

Gehen Sie in die Offensive und greifen Sie an, anstatt sich zurückzuziehen. Ihre Mitmenschen sind gute Helfer, die Ihnen Halt und Zuversicht geben können, gerade in schwierigen Zeiten. Gehen Sie zu Ihren Freunden und reden Sie mit Ihnen offen und ehrlich. Sie werden Ihre verzweifelte Lage verstehen. Freunde geben Ihnen Zuspruch, Rückhalt, ein gutes Gefühl und gleichzeitig sind sie tolle Berater, die Ihnen neue Perspektiven und Lösungsmöglichkeiten aufzeigen können, die Sie selbst bisher noch gar nicht gesehen haben.

Vielleicht reichen Freunde nicht aus, um die Verzweiflung zu überwinden. Dann sollten Sie Rat und Hilfe bei einem Experten suchen. Es ist nur ein schmaler Grat zwischen Verzweiflung und Depressionen.

Bei einem Therapeuten bekommen Sie die

Dinge an die Hand, die Sie für den Weg zurück

ins Leben brauchen.

Der Herbstblues und wie Sie mit diesem Durchhänger-Phänomen umgehen

Immer, wenn die Tage kürzer und dunkler werden, mehr Regen fällt und die Temperaturen sinken, geht die sonst gute Stimmung deutlich in den Keller. Genau das ist es, was als Herbstblues bezeichnet wird. Diese Gemütsverfassung in der dunkleren Jahreszeit ist bei einem Drittel aller Deutschen zu finden. Das bedrückende Gefühl ist keine Einbildung. Vielmehr könnte man es als ein verbreitetes Durchhänger-Phänomen bezeichnen. Mit dem Thema Herbstblues beschäftigen sich auch viele Ärzte und Wissenschaftler, um den Ursachen auf den Grund zu gehen und betroffenen Personen besser helfen zu können, diese Art von Depression zu überwinden. Was steckt eigentlich hinter dem Herbstblues und wie schaffen Sie es, dieses bedrückende Gefühl am Ende eines jeden Jahres zu überwinden?

Medizinisch betrachtet, wird der Herbstblues als Seasonal Affective Disorder (SAD) gesehen. Im Deutschen spricht man daher von einer saisonal abhängigen Depression, was von der englischen Abkürzung abgeleitet ist. Eigentlich handelt es sich aber beim Herbstblues um eine saisonal abhängige Störung, beziehungsweise eine emotionale Störung, die eng mit der Jahreszeit und den eintretenden Veränderungen verbunden ist. Zu einer Seasonal Affective Disorder zählen beispielsweise auch Frühjahrsmüdigkeit und Winterdepressionen.

Nicht jeder schlechte Tag ist gleich als Herbstblues einzuordnen. Eine saisonal abhängige Störung liegt erst vor, wenn sich der Zustand der depressiven Stimmung über einen Zeitraum von mindestens zwei Wochen erstreckt und selbst äußere Impulse keine Besserung herbeiführen.

Bevor aber von einer SAD gesprochen wird, muss zudem die Jahreszeitverbindung über einen Zeitraum von zwei Jahren nachgewiesen werden.

Aus dem Herbstblues kann eine Depression entstehen. Diese spezielle Art des Herbstblues fällt deutlich schwächer aus und hat nicht die Ausprägung einer richtigen Depression. Unterschätzen sollten Sie die Auswirkungen aber nicht, da diese deutlichen Einfluss auf die Lebensqualität nehmen können.

Mit den Symptomen und frühen Anzeichen der sogenannten Herbstdepression schlagen sich rund 17 Prozent der Bevölkerung in Deutschland herum. Dementsprechend ist fast jeder Fünfte vom Herbstblues betroffen. Jeder, der diese Depression einmal in seinem Leben gehabt hat, kann mit hoher Wahrscheinlichkeit davon ausgehen, dass der Herbstblues im folgenden Jahr wiederauftaucht.

Um dem Herbstblues vorzubeugen ist es wichtig, dass Sie ihn rechtzeitig erkennen und Gegenmaßnahmen ergreifen, um ihn schnell zu überwinden. Da die Symptome schleichend auftreten und nicht schlagartig, ist das nicht immer leicht. Zuerst merken Sie den Verlust des Antriebs und der Leistungsfähigkeit. Es stellt sich zunehmende Trägheit ein. Es gibt Tage, da ist alles normal und andere Tage, in denen Sie schlapp und müde sind. Sie merken, dass Ihre Stimmung in den Keller geht und die lustlosen Tage deutlich zunehmen. Ein beginnender Herbstblues bringt folgende Symptome mit sich:

- schwindende Motivation
- Lustlosigkeit
- große Müdigkeit und ein gesteigertes Verlangen nach Schlaf
- schwindende Kreativität

- niedergeschlagene Gefühle und Hoffnungslosigkeit
- Heißhungerattacken auf Süßes
- ordentliche Gewichtszunahme
- Stimmungsschwankungen
- Sichtweise und Haltungen gestalten sich negativ
- soziale Abschirmung

Im Gegensatz zu einer klassischen Depression sind auch bei den Symptomen Unterschiede zu erkennen. Damit wird deutlich, dass ein Herbstblues vorliegt und keine klassische Depression. Es wird immer wieder versucht mit Kaffee gegen die Müdigkeit anzukämpfen und sich zusammenzureißen. Zusätzlich werden pflanzliche Mittel wie Johanniskraut verwendet, um die Stimmung aufzuhellen. Das können Sie alles gerne machen. Doch weiter bringt es Sie beim Herbstblues nicht, weil nur ein kurzzeitiger Kick entsteht.

Sie bekämpfen nur die Symptome und gehen der Ursache nicht auf den Grund.

Den Herbstblues kann jeden treffen, weil er eine emotionale Störung ist. Genauso wenig gibt es einen optimalen Schutz, der Sie immun dagegen macht.

Es gibt aber Risikofaktoren, die dafür verantwortlich sind, ob Sie eine saisonal abhängige Störung bekommen oder nicht. Die folgenden vier Faktoren sollten Sie genauer betrachten:

1. Geschlecht

Für den Herbstblues sind Frauen besonders anfällig und viel öfter betroffen als Männer.

In Studien wurde herausgefunden, dass bis zu viermal so viele Frauen an der emotionalen Störung in Abhängigkeit mit der Jahreszeit, also an SAD leiden als Männer.

2. Alter

Ein Risikofaktor ist das Alter, obwohl häufig
eher junge Erwachsene unter einer Seasonal
Affective Disorder leiden. Mit zunehmendem
Alter verringert sich die Häufigkeit.

3. Anlage

Wenn es in der Familie depressive
Erkrankungen gibt, kann es durchaus sein, dass
andere Familienmitglieder auch Depressionen
bekommen.

4. Ort

Neben den personenbezogenen Risikofaktoren,
kann auch der Ort ausschlaggebend für
Depressionen sein. Wissenschaftler haben
herausgefunden, dass Menschen, die in
Ländern mit einer langen Herbst- und
Winterphase leben, also weiter vom Äquator
entfernt sind, viel eher an einer saisonal
abhängigen Störung leiden.

Was sind die Ursachen für den Herbstblues?

Erstmals wurde eine solche saisonal abhängige Störung 1987 diagnostiziert. Diese negativen emotionalen Empfindungen können in seltenen Fällen auch in den Sommermonaten auftreten. Viel häufiger tritt SAD in der kalten, dunklen Jahreszeit auf. Seit der ersten Diagnose gibt es noch keine endgültige Aussage darüber, wodurch der Herbstblues ausgelöst wird. Die Wissenschaft sieht eine Verbindung mit den Reaktionen, die im Körper passieren. Biologisch betrachtet beruht die Entstehung von Wintermüdigkeit und dem Herbstblues durch die vermehrte Ausschüttung von Melatonin, dem Schlafhormon. Die Mehrproduktion wird durch Lichtmangel und einige weiteren Faktoren ausgelöst. Die Ausschüttung des Glückshormons Serotonin wird gleichzeitig verringert.

Folge davon ist die bereits erwähnte Müdigkeit, Lustlosigkeit und Antriebslosigkeit. Dazu kommen auch eingeschränkte Körperfunktionen, die durch den Serotoninmangel entstehen. Der Schlafrhythmus verändert sich durch die andauernde Müdigkeit. Genauso arbeitet der Darm beim Verdauungsvorgang deutlich langsamer.

Seasonal Affective Disorder wird auch als depressive Verstimmung bezeichnet. Eine Begleitung und Behandlung durch einen Arzt sind durchaus sinnvoll. Doch von einer ausgewachsenen Depression sind Betroffene noch weit entfernt. Bei einer Behandlung von SAD kommt vielfach eine Lichttherapie zum Einsatz. Genauso wird der Arzt Ihnen raten, Tageslichtlampen zu verwenden, die eine Besserung herbeiführen können.

Das fluoreszierende weiße Licht hat dabei eine
Intensität von mindestens 2500 Lux.
Da können normale Zimmerleuchten nicht
mithalten, da sie sich im Bereich von 300 bis
500 Lux bewegen.

Herbstblues mit einfachen Mitteln überwinden

Wenn es wieder soweit ist, dass die Temperaturen wieder auf den Nullpunkt sinken und die Stimmung mitreißen, dann sollten Sie versuchen, den negativen Emotionen gezielt entgegenzuwirken. Neben der bereits erwähnten Lichttherapie gibt es einfache Mittel und Wege, dem Herbstblues zu entkommen.

- **Spazieren gehen:** Gehen Sie vor die Türe und machen Sie einen Spaziergang an der frischen Luft, um mehr Licht zu bekommen. Durch das Tageslicht draußen, beeinflussen Sie Ihren Hormonhaushalt positiv. So raten Ärzte, dass Sie sich täglich mindesten 30 Minuten unter freiem Himmel bewegen sollten.

Verzichten Sie bei Sonnenschein auf eine Sonnenbrille, um über die Rezeptoren in den Augen möglichst viel natürliches Tageslicht aufzunehmen. Das echte Tageslicht hat eine viel höhere Wirksamkeit als das Licht, dass Ihnen beispielsweise unter einem Solarium geboten wird. Sehr wirkungsvoll gegen den Herbstblues ist zudem die Bewegung, die den Körper aktiviert. Dabei werden Glückshormone freigesetzt.

- **Schlafen:** Im Sommer sind Sie top fit. Doch wenn die Tage wieder kürzer und dunkler werden, stellt sich eine größere Müdigkeit ein und Sie möchten nur noch schlafen. Gönnen Sie sich ruhig diesen Schlaf. Es bringt Sie nicht weiter, wenn Sie sich krampfhaft wachhalten, um den Sommerschlafrhythmus beizubehalten.

Geben Sie ruhig Ihrem Körper den geforderten Schlaf und die damit verbundene Ruhe und Erholung.

- **Farben:** Mehrfach haben Forscher nachgewiesen, dass Farben menschliche Stimmungen beeinflussen. Daher sollten Sie bei einem Stimmungstief die stimmungsaufhellenden und stabilisierenden Wirkungungen der Farben nutzen. Setzen Sie solche Farben ruhig mehr in Ihrem Alltag ein. Besonders gut eignen sich dafür leuchtendes Orange, intensives Gelb, anregendes Blau und beruhigendes Grün. Rot ist zwar eine sehr intensive Farbe, löst aber negative Emotionen aus. Die Farben lassen sich sehr schön für Wohnungsaccessoires oder in Ihrem Outfit integrieren.

Stellen Sie sich beispielsweise einen bunten Obstkorb mit verschiedenen Früchten zusammen, den Sie mit ins Büro nehmen oder in Ihrem Wohnzimmer aufstellen. Sie erhalten nicht nur einen stimmungserhellenden Farbklecks, sondern geben Ihrem Körper beim Naschen eine gute Portion wichtiger Vitamine.

- **Düfte:** Mit Düften gelingt es Ihnen, Ihre Stimmung zu stabilisieren. Nutzen Sie Duftkerzen und Aromaöle, die es in unterschiedlichen Duftrichtungen gibt. So hat Lavendel beispielsweise eine beruhigende Wirkung, während Zitrone und Orange den Kreislauf anregen und die Laune positiv beeinflussen. Düfte sind wie Farben eine gute Unterstützung, genauso wie alle anderen Aktivitäten.

Alleine sind sie allerdings nicht ausreichend, um dem Herbstblues entgegenzuwirken und zu entkommen.

- **Musik:** Das Lauschen Ihrer Lieblingsmusik ist wie Medizin und hellt Ihre Stimmung auf, ganz gleich ob Sie beruhigende oder belebende Stilrichtungen bevorzugen. Claudius Conrad vom General Hospital in Massachusetts hat bei einer Studie herausgefunden, dass Musik gut gegen Stress wirkt. Während des Musikhörens schüttet die Hirnanhangdrüse das Wachstumshormon HGH aus und beeinflusst die Ausschüttung der Stresshormone Adrenalin und Cortisol positiv. Die Herzfrequenz sinkt, der Blutdruck und Ängste werden weniger. Der Körper kommt zu Ruhe und hat die Möglichkeit, sich zu entspannen.

- **Wechselduschen:** Um den Kreislauf in Schwung zu bringen, sind Wechselduschen ideal. Natürlich ist warmes Wasser gerade bei sinkenden Temperaturen draußen deutlich angenehmer, gerade wenn Sie müde oder noch nicht ganz wach sind. Um aber Energie zu tanken und den Kreislauf wachzurütteln sollten Sie Wechselduschen wie beispielsweise die „Schottische Dusche" versuchen. Dieser 90-sekündige Wechsel zwischen warmem und kaltem Wasser ist nicht nur perfekt gegen Müdigkeit. Vielmehr wird dabei Fett verbrannt sowie Geist und Körper revitalisiert. Die Wirkung ist besser als zwei Tassen Kaffee. Wechselduschen können aber noch mehr. Sie reduzieren Stress, fördern die Ausschüttung von Testosteron und beugen Depressionen vor.

- **Ausgewogene Ernährung:** Wenn die Temperaturen sinken, sind Erkältungen nicht mehr weit. Gerade im Herbst und Winter ist eine gesunde, ausgewogene Ernährung daher wichtig, um Abwehrkräfte und Ihre Nerven zu stärken. Obst und Gemüse mit vielen Vitaminen, Nährstoffen sowie Ballaststoffe stärken das Immunsystem und geben zusätzliche Energie. Hülsenfrüchte, Nüsse, Bananen und Vollkornprodukte liefern dem Körper zudem Magnesium. Das ist der Balsam für Ihre Nerven. Wer seinen Körper mit allen wichtigen Nährstoffen und Vitaminen versorgt, steigert das Wohlbefinden und sorgt für einen intakten Hormonhaushalt. Natürlich dürfen Sie zwischendurch auch mal ein Stück Schokolade oder Süßigkeiten naschen. Bekanntermaßen macht Schokolade sogar glücklich.

- **Soziale Kontakte:** Wenn Sie nur zu Hause hocken und sich Ihrer schlechten Stimmung hingeben, stellen sich bestimmt keine glücklicheren Gefühle ein. Also gehen Sie raus, treffen Sie sich mit Freunden zum Plaudern und Pflegen Sie Ihre sozialen Kontakte. Sie haben eine besondere Wirkung auf Ihre Emotionen. Gemeinsames Lachen und erzählen verbreitet sofort gute Laune. Gleichzeitig werden eine ganze Menge Glückshormone ausgeschüttet. Durch den Kontakt zu anderen Menschen kommen Sie auf andere Gedanken. Studien haben herausgefunden, dass positive Menschen im eigenen Umfeld das gefühlte Glück, um mehr als 15 Prozent steigern. Wenn Sie sich mit negativen Menschen umgeben, kostet Sie das bis zu 7 Prozent Ihrer Lebenszufriedenheit.

Eine gute Freundin oder ein guter
Freund, mit denen Sie sich fast jeden
Tag umgeben, macht Sie verstärkt
glücklich.

- **Zweisamkeit:** Für gute Gefühle und
um den Herbstblues entgegenzuwirken,
reicht auch oft schon das
Zusammensein mit dem Partner aus.
Kuscheln, Zärtlichkeit austauschen und
schöne Gespräche geben Ihnen neue
Kraft, Energie und machen glücklich.

- **Lächeln:** Lächeln ist wie Seele
streicheln! Damit tun Sie sich selbst und
Ihrem Umfeld etwas Gutes. Lächeln Sie,
auch wenn es grundlos ist. Schnell
werden Sie den positiven Effekt spüren.
Schenken Sie ruhig wildfremden
Menschen, die gemeinsam mit Ihnen an
der Bushaltestelle auf den Bus warten,
ein Lächeln.

Sie werden garantiert eines zurückbekommen. Diese kleine Geste verbessert die Laune, sorgt für neue Energie und steckt Ihre Mitmenschen an.

- **Kurzurlaub:** Wenn sich der Herbstblues hartnäckig durchsetzen möchte, hilft Ihnen garantiert ein Kurzurlaub in sonnigen Gefilden mit sommerlichen Temperaturen. In dieser kurzen Zeit füllen Sie die Energiereserven wieder auf. Sie tanken natürliches Licht, dass die Stimmung deutlich hebt.

Ein Kurztrip ist günstig und Sie benötigen nicht viele Urlaubstage, wenn Sie die kurze Auszeit beispielsweise mit Brückentagen verbinden.

Auch wenn der Herbstblues „nur" eine Seasonal Affective Disorder ist, sollten Sie ihn nicht als zeitlich begrenzte Kleinigkeit betrachten und auf das nächste Frühjahr warten, bis die Temperaturen wieder steigen und die Sonne wieder öfter scheint. Die Symptome werden sich in den Frühlings- und Sommermonaten verbessern. Neigt sich die warme Jahreszeit wieder dem Ende zu, beginnt die emotionale Belastung wieder von vorne. Sie kämpfen sich erneut durch die negativen Emotionen.

Es besteht sogar die Möglichkeit, dass aus dem Herbstblues eine schwere Depression entsteht. Sprechen Sie mit Ihrem Hausarzt, wenn sich Ihre Stimmung mit den Jahreszeiten negativ verändert.

Hören Sie auch genau hin, was Ihnen Freunde und die Familien sagen. Sie haben schneller den Überblick, dass bei Ihnen etwas nicht in Ordnung ist als Sie selbst.

Mit Ihrem Arzt zusammen können Sie eine passende Behandlung beginnen und solche Depressionen überwinden. Viele der Mittel und Wege, die Sie beim Herbstblues einsetzen, lassen sich auch beim Winterblues und anderen jahreszeitbedingten Störungen verwenden. Gerade, wenn Sie im Winter mit Depressionen zu kämpfen haben, sollten Sie folgende Punkte zudem beherzigen und als festen Bestandteil in Ihr Leben integrieren.

- **Strukturen:** Menschen, die sich mit Winterdepressionen herumschlagen, sind nicht nur von einem fehlenden Antrieb betroffen, sondern empfinden große Unsicherheit. Bekämpfen lassen sich beide Symptome, indem Sie eine Struktur in den Tag bringen. Nutzen Sie feste Termine und Abläufe, um Ihren Aktivitätslevel hochzuhalten. Vergessen Sie aber nicht Freiräume zu schaffen.

Damit verhindern Sie, dass die Strukturierung des Tages zur Belastung wird. Strukturen sind auch im Urlaub wichtig. So verlockend Seele baumeln lassen und nichts tun auch sein mag. Sie werden dadurch allerdings anfälliger, dass sich ein Winterblues einstellt. Definieren Sie klare Zeiten, Strukturen und planen Sie auch Zeiten für Entspannung sowie Sport ein, um das tiefe Loch zu umgehen.

- **Abwechslung:** Versuchen Sie Abwechslung in Ihre Strukturen zu bringen. Damit wirken Sie der tristen Jahreszeit, Routinen und der bedrückenden Stimmung entgegen. Auch wenn gemütliche Abende zu Hause sehr angenehm sind, sollten Sie regelmäßig Aktivitäten außerhalb Ihrer Wohnung durchführen, sich mit Freunden treffen und etwas unternehmen. Perfekt sind auch Termine mit sich selbst. Gehen Sie zum Friseur, lassen Sie sich massieren, gehen Sie ins Kino oder in die Sauna. Damit trotzen Sie der Eintönigkeit, haben Spaß und hängen nicht Ihren trübsinnigen Gedanken nach.

- **Genuss:** Durch Winterdepressionen wird die Lebensqualität nachhaltig beeinträchtigt. Mediziner raten sogar, dass Sie die Lebensqualität erhöhen sollten. Wie Sie diese steigern, ist nicht entscheidend. Wichtig ist, dass es glücklich macht, gefällt, Freude verbreitet und Ihnen guttut. Genießen Sie selbst den kleinsten Moment ganz bewusst. Auf die Winterdepression hat das eine positive Wirkung. Machen Sie sich bewusst, dass es nicht reicht, sich etwas vorzunehmen und mehr Zeit für schöne Dinge zu verwenden.

Auf diese Gedanken hin müssen auch Taten folgen. Das ist aber oftmals das Problem. Machen Sie sich einen konkreten Plan und beziehen Sie Freunde und Familie mit ein. So kommen Sie nicht daran vorbei, weil Sie eine verbindliche Planung auf die Beine gestellt haben und keinen Rückzieher machen können.

Montagsblues – jede Woche das gleiche Spiel

Es ist wieder Montagmorgen, der Wecker klingelt viel zu früh und Sie müssen sich regelrecht dazu zwingen aufzustehen, weil der Alltag auf Sie wartet. Verschlafen trinken Sie Ihren ersten Kaffee. Die nicht vorhandene Motivation sinkt noch weiter, wenn Sie darüber nachdenken, dass Sie gleich den überfüllten Zug nehmen müssen oder über verstopfte Straßen zur Arbeit fahren. Es ist nicht verwunderlich, dass der Montag nicht der liebste Tag der Woche ist. Ein Großteil der Menschen reagiert auf diesen Tag mit dem Montagsfrust. Den ganzen Tag werden Sie von Müdigkeit und schlechter Laune begleitet. Dieser verdammte Montag will irgendwie gar nicht vorübergehen. Andere Wochentage gehen viel schneller vorbei. Gefühlt gestaltet sich die Länge der Wochentage folgendermaßen:

Mooooontaaaaaaaaaaaaaaaaaag

Diiiieeeenstaaaaaaaaaaag

Miiiiittttttwooooch

Donnerstaaag

Freieieitag

Samst

So

Der Montag fällt irgendwie aus der Norm der anderen Wochentage heraus. Das zeigt sich schon bei den unterschiedlichen Namen wie Blue Monday, Manic Monday und Monday Morning. An diesem ersten Tag der Woche funktionieren manche Dinge viel besser und andere wiederum schlechter oder gar nicht. Der Montag gilt auch als Spitzenreiter bei Krankmeldungen. Genauso sollen geschriebene Texte, Briefe und E-Mails mehr Fehler enthalten als an anderen Tagen. Es gibt keinen anderen Tag in der Woche, der besser erforscht ist als der Montag.

Und wenn die Studien dazu einmal genauer angeschaut werden, zeigen sich erstaunliche Ergebnisse. Herausgekommen ist dabei, dass montags:

> ➤ die besten Tage für Bewerbungen ist
> ➤ am meisten gekündigt wird

Schnell ergibt sich der Entschluss, dass Montag der schlimmste Tag der Woche ist. Falsch gedacht! Peter Martinsson und Alpaslan Akay von der schwedischen Universität in Göteborg haben nämlich herausgefunden, dass der Sonntag in Deutschland der schlimmste Tag der Woche ist und nicht der Montag.

Daher muss es eigentlich „Hallo Sonntagsblues und bye-bye Montagsblues" heißen. Am Samstag erreicht die Stimmung ihren Höhepunkt und stürzt am Sonntag in ungeahnte Tiefen.

Besonders betroffen sind davon Akademiker und Verheiratete. Zu diesem Ergebnis ist eine Studie der Hamburger Universität gekommen, wobei rund 20.000 Menschen in Deutschland befragt wurden. Gemäß Wolfgang Maennig ist dieser Effekt vor allen Dingen bei berufstätigen Männern zu finden. Dafür gibt es folgende Gründe:

1. Es ist nicht die Zwangspause, sondern **Angst** und der damit verbundene **Stress**. Beides stellt sich ein, wenn über die kommende Woche nachgedacht wird. Gerade bei Führungskräften hat in den letzten Jahren die Arbeitsbelastung deutlich zugenommen.

Sie arbeiten 60 bis 80 Stunden und müssen immer erreichbar sein. Aus diesem Grund fällt es besonders schwer, am Wochenende abzuschalten und zu entspannen.

2. Gerade Menschen, die in der Führungsebene eines Unternehmens arbeiten, empfinden das Zusammensein mit der **Familie** als sehr belastend, weil sie sich durch die Arbeitszeiten bereits vom normalen Familienleben entfernt haben und dort kaum noch dazugehörig fühlen.

Es gibt aber auch andere Studien, bei denen die Ergebnisse ganz anders aussehen. Peter Dodds und Christopher Danforth, beides Mathematiker an der Universität in Vermont, sind der Meinung, dass der Mittwoch der lustloseste Tag der Woche ist und nicht der Montag. Für diese Erkenntnis haben sie über vier Jahre 2,4 Millionen Blogeinträge ausgewertet. Ihr Resultat: Am Sonntag waren die Beiträge am positivsten, am Mittwoch am negativsten.

Der Montagsblues ist nicht mit einer Depression gleichzusetzen, sondern lässt sich viel eher in die Reihe der Seasonal Affective Disorder, auch wenn sich die negativen Gefühle nur am ersten Wochentag einstellen und im Verlauf der Woche positiver werden. Der Grund, warum Sie montags Schwierigkeiten haben, in die Gänge zu kommen, ist das Immunsystem, das am Wochenende bei vielen Menschen einfach abstürzt. Durch Stress und großen Druck schüttet der Körper eine Vielzahl von Hormonen aus, vor allen Dingen Cortisol, damit Sie tapfer durchhalten bis alle Aufgaben erledigt sind.

Dieses Phänomen ist medizinisch nicht erklärbar. Sicher ist aber, dass durch den Hormoncocktail das Immunsystem schwächelt. Je länger der Körper einer solchen Anspannung ausgesetzt ist, desto mehr laugt er aus bis er schlussendlich kollabiert.

Bei den einen passiert das bereits am ersten freien Tag, andere erwischt es später. Das erklärt natürlich auch, warum Montag ein häufiger Fehltag ist.

Die Montagsmüdigkeit, die mit dem

Montagsblues einhergeht, begründet sich

oftmals darauf, weil am Wochenende ausgiebig

gefeiert und der Schlaf-Wach-Rhythmus auf

den Kopf gestellt wird. Dadurch finden Sie

Sonntagnachts nicht die nötige Ruhe und der

Wochenend-Erholungseffekt ist nicht

vorhanden.

Tipps gegen den Montagsblues

Ganz gleich, wie negativ Sie den Montag auch empfinden mögen. Sie selbst können etwas dagegen unternehmen und den Tag positiv gestalten, da es sich beim Montagsblues nicht um eine schicksalhafte Begegnung handelt. Auf der einen Seite können Sie den Montag nach der Devise „Augen zu und durch" überstehen. Doch genau das gestaltet sich als extrem anstrengend.

Rund 31 Prozent hören am Montagmorgen ihre Lieblingsmusik und rund 24 Prozent vertreiben die trübsinnige Stimmung mit einer Unterhaltung mit Kollegen. Das hat eine Umfrage ergeben. Es gibt aber weitere Möglichkeiten und Wege, nach einem Wochenende wieder gut gelaunt in den normalen Rhythmus zu kommen und sich selbst aufzumuntern.

- Vermeiden Sie gerade am Montagmorgen Stress und starten Sie sanft und gemütlich in die neue Woche. Am Montag sollte die Schlummertaste tabu sein. Denn das nochmalige Umdrehen stiehlt Ihnen Zeit und bringt Sie in Hektik, die Sie an diesem Morgen gar nicht gebrauchen können. Stehen Sie beim ersten Klingeln des Weckers auf, auch wenn es schwerfällt. Die Zeit, die Ihnen jetzt zur Verfügung steht, reicht für ein gesundes Frühstück und eine zweite Tasse Kaffee. Sie starten deutlich energiegeladener in den Montag.

- Wenn Sie sich schlapp und müde fühlen sowie schwerfällig und antriebslos sind, nehmen Sie eine kalte Dusche oder Wechseldusche, um den Kreislauf anzukurbeln.

Sollte Ihnen das nicht behagen, verbringen Sie ein wenig Zeit an der frischen Luft. Machen Sie einen kleinen Spaziergang oder drehen Sie eine Laufrunde vor der Arbeit. Ist dafür keine Zeit, steigen Sie eine Station vorher aus der Straßenbahn und laufen Sie das letzte Stück zu Fuß zum Büro.

- Um sich den Montag zu versüßen, sollten Sie kleine berufliche und private Höhepunkte schaffen.

Arbeiten Sie an einem Projekt, dass Ihnen besonders Spaß macht oder treffen Sie sich nach der Arbeit mit Freunden. Damit stellt sich Vorfreude ein, die Ihnen den Montag versüßt und Sie motiviert.

- o Gerade an einem Montag schleicht sich das Gefühl ein, dass der Tag kein Ende nimmt und ewig dauert. Mit einer klugen Planung des Tages können Sie dieses Gefühl vermeiden. Über einen festgelegten Zeitraum beschäftigen Sie sich ausschließlich mit einer Sache. So vergeht der Montag ganz schnell.

- o Da Sie ein Mensch und keine Maschine sind, sollten Sie genügend Pausen einlegen. Viele Menschen haben die Angewohnheit, sich bei längerem Sitzen zu verkrampfen oder zusammenzusacken. Das macht müde und führt dazu, dass Sie sich schlecht fühlen. Machen Sie ruhig während des Arbeitstages mehrere kleine Pausen.

Fünf Minuten sind da schon ausreichend, um aufzustehen, sich zu strecken und die Beine zu vertreten. Anschließend werden Sie sich fitter und frischer fühlen.

- o Genügend Licht am Arbeitsplatz vertreibt den Montagsblues. Wenn Sie in einem dunklen Raum arbeiten, drückt das auf Ihre Stimmung. Das fehlende Licht führt zu einem Vitamin D Mangel. Um dieses Vitamin zu produzieren, braucht der Körper viel Sonnenlicht. Nutzen Sie die Mittagspause, um hinauszugehen und um normales Licht aufzunehmen. Sorgen Sie zudem für genug natürliches Licht oder verwenden Sie Tageslichtlampen.

- o Lachen hilft auch gegen den Montagsblues. Denn Lachen und gleichzeitig bedrückt sein funktioniert nicht. Ein Lächeln und herzhaftes Lachen löst Blockaden, entspannt, befreit und bringt den Kreislauf auf Trab. Außerdem ist Lachen ansteckend. Sie werden sehen, dass andere Menschen automatisch mit lachen. Die Stimmung auf der Arbeit steigt und der Montag ist nur noch halb so schlimm.

- o Indem Sie die neue Woche planen, fällt Ihnen am Montag der Start deutlich leichter. Am Freitag sollten Sie die Planung für die neue kommende Woche durchführen. Damit haben Sie bereits einen guten Überblick, wissen, was Sie erwartet und können entspannt ins

Wochenende gehen. Alles ist für
die kommende Woche geklärt, der
Schreibtisch ist aufgeräumt und
startklar für die Herausforderungen
in der nächsten Woche.

o Nutzen Sie den Sonntag zum
Entspannen und Schieben Sie
hektischen Freizeitstress beiseite.
So haben Sie die Zeit, sich zu
erholen und dem Montagsblues zu
entfliehen.

Stimmungsschwankungen – wenn die Gefühle Achterbahn fahren

Es gibt kaum einen Menschen, der eine konstante Gefühlslage hat. Das Wetter, Hormone, schlechter Schlaf, Ärger, Stress, die Jahreszeit und der Montag rufen Stimmungsschwankungen hervor, die bis zu einem bestimmten Ausmaß ganz normal sind. Es gibt aber auch Stimmungsschwankungen, die schon bei kleinsten Veränderungen eine übermäßig sensible Reaktion auslösen. Zum Problem werden Stimmungsschwankungen, wenn diese oft auftreten, sich heftig äußern und Sie immer länger brauchen, um aus dem Tief wieder herauszukommen. Wechselnde Stimmungen sind nicht nur für Sie selbst belastend, sondern auch sehr anstrengend für Ihr soziales Umfeld. Doch wodurch entstehen diese Stimmungsschwankungen?

Diejenigen, die viel um die Ohren haben, nicht ausgeschlafen sind und sich erschöpft fühlen, verlieren auch die Fähigkeit, die eigenen Launen zu kontrollieren. Gerade sind diese Menschen noch himmelhochjauchzend und eine Millisekunde später zu Tode betrübt. Diese schnelle Veränderung der Gefühlslage bezeichnen Fachleute als Stimmungslabilität oder als Affektlabilität. Für die Veränderung der Stimmung kann es durchaus einen erkennbaren Auslöser geben. Vielleicht ist es der Ärger mit dem Chef oder Stress mit dem Partner. Manchmal treten diese Stimmungsschwankungen auch plötzlich, ohne erkennbaren Grund auf.

Gemeinhin wird davon ausgegangen, dass diese Stimmungsschwankungen Gift für Geist und Seele sind. Grundsätzlich ist diese Annahme aber nicht ganz richtig. Entscheidend ist die eigene Einstellung beziehungsweise die eigene Haltung.

Wenn Sie der Überzeugung sind, dass Ihre negativen Empfindungen einen Sinn haben, spüren Sie weniger Leid.

Bewerten Sie diese aber bitte auch nicht über. Sie wissen doch genau, dass das Leben kein Kindergeburtstag ist. Jeder Lebensbereich stellt Sie vor Herausforderungen, die Sie zu meistern haben. Und es läuft nicht immer alles rund. Es gibt immer wieder Situationen, die das Selbstwertgefühl ankratzen und Ihre mentale Stärke auf die Probe stellen. Stimmungsschwankungen können auch darauf beruhen, dass Ihrem Körper wichtige Stoffe fehlen. Haben Sie das gewusst?

So macht sich ein **Natriummangel** durch Stimmungsschwankungen bemerkbar. Wenn Sie dem Körper zu wenig Natrium zuführen, kann es zu Kreislaufstörungen, niedrigem Blutdruck und schwankenden Emotionen kommen.

Natrium ist beispielsweise in Mineralwasser, Nüssen, Käse und Hülsenfrüchten enthalten.

Ein **Magnesiummangel** macht sich auch in Stimmungsschwankungen bemerkbar. Gleichzeitig wird dadurch eine erhöhte Reizbarkeit ausgelöst. Ist die Unterversorgung recht ausgeprägt, sind Nervosität, Angstzustände, Herzrasen und Kopfschmerzen die Folge.

Wenn der Körper zu wenig des Wohlfühl-Hormons Serotonin im Gehirn freisetzt, entstehen auch Stimmungsschwankungen. Ein **Serotoninmangel** wird durch eine einseitige, falsche Ernährungsweise hervorgerufen. Abhilfe schafft eine Umstellung der Ernährung. Überdenken Sie einmal Ihren Ernährungsplan und verwenden Sie Lebensmittel, die einen hohen Anteil an essenziellen Aminosäuren haben.

Dazu gehören beispielsweise Rindfleisch, Thunfisch, Erbsen, Käse, Hühnerbrust, Nüsse, Möhren, Papaya, Blattspinat und Sojabohnen. Die unterschiedlichen Lebensmittel enthalten Lysin, Phenylalanin und Threonin. Letzteres stärkt das Immunsystem und ist wichtig für die Bildung von Antikörpern.

Eine **Unterzuckerung** ist Gift für den Körper, da Zucker als wichtiger Energieträger im Organismus dringend gebraucht wird. Wenn Sie nicht genug essen und trinken kommt es zwangsläufig zu einer Unterzuckerung, einer sogenannten Hypoglykämie. Konzentrationsstörungen, Kopfschmerzen, Heißhunger auf Süßigkeiten, Erschöpfung und auch Stimmungsschwankungen stellen sich ein.

Die Achterbahn der Gefühle können auch die ersten Warnsignale für eine schwere Krankheit wie beispielsweise Schilddrüsenüberfunktion, Multipler Sklerose, Demenz oder Parkinson sein. Auch eine entstehende Leberzirrhose durch übermäßigen Alkoholgenuss sorgt für Stimmungsschwankungen. Wenn die Leber angegriffen ist, fühlen Sie sich matt, die Haut bekommt eine leicht gelbliche Farbe und es kann zu Gedächtnisausfällen kommen.

Drogenkonsum und eine damit verbundene Abhängigkeit rufen auch emotionale Störungen hervor. Genauso ist bekannt, dass durch Medikamente die Gefühle Achterbahn fahren. Neben der Pille sind es Arzneimittel gegen Malaria, Hepatitis und Akne, die negativen Einfluss auf die Psyche haben. Selbst manche Antidepressiva rufen Stimmungsschwankungen hervor, obwohl sie für die Behandlung von Depressionen eingesetzt werden. Aber nicht jede Stimmungsschwankung ist auf eine Depression zurückzuführen.

Depressionen – ein kleiner Selbsttest

Bisher haben Sie vieles über unterschiedliche Formen von Depressionen erfahren und wissen, dass es unterschiedliche Varianten gibt. Nachfolgend erhalten Sie einen kleinen Selbsttest, der aber kein Ersatz für eine umfassende medizinische Untersuchung oder die Diagnose durch einen Psychologen darstellt. Es sind lediglich Indizien, die darauf hindeuten können, dass professionelle Hilfe wichtig ist, wenn viele der folgenden Aussagen auf Sie zutreffen.

- ➤ Sie weinen häufig und fühlen sich niedergeschlagen in den letzten Wochen.
- ➤ Sie können sich nicht daran erinnern, wann Sie zuletzt aus vollem Herzen gelacht haben.
- ➤ Sie werden andauernd von Anspannung und innerer Unruhe geplagt.

- Sie haben keine Kraft und Energie, Dinge anzugehen.
- Wenn Sie Entscheidungen treffen müssen, sind Sie komplett überfordert.
- Sie haben sehr oft Kopf- und Rückenschmerzen.
- Es fällt Ihnen schwer sich zu waschen und die Zähne zu putzen.
- Sie haben Probleme, einen klaren Gedanken zu fassen und sich zu konzentrieren.
- Ihr Kopf ist ständig voll mit Gedanken.
- Sie empfinden Schuldgefühle und fühlen sich nutzlos.
- Es gibt keine Hobbys oder Dinge, die Ihnen Spaß machen, obwohl Sie früher Freude daran hatten.
- Sie haben häufig Probleme beim Schlafen.
- Sie haben nur noch ein stark reduziertes Interesse an Sexualität.

- ➢ Sie essen bedeutend mehr (weniger) als früher.
- ➢ Sie verspüren eine innere Leere.
- ➢ Es gibt nichts, was für Sie noch einen Sinn ergibt.
- ➢ Sie haben bereits darüber nachgedacht, Ihr Leben zu beenden.
- ➢ Ihre Situation stellt sich für Sie völlig hoffnungslos dar.
- ➢ Sie fühlen sich morgens meist schlechter und abends ein wenig besser.

Keine Angst! Depressionen lassen sich überwinden und sind in den Griff zu bekommen. Doch was bedeutet eigentlich Depressionen überwinden? Depressionen werden Sie nicht mit gekauften Programmen und Produkten los, die eine sofortige Besserung und Heilung versprechen. Dazu gehört schon bedeutend mehr, weil diese Gefühlsschwankungen sehr unterschiedlich ausfallen.

Daher muss eine Behandlung ganz individuell auf Sie abgestimmt sein. Wichtig ist dabei der Respekt vor Ihrer Person und der Erkrankung.

Im Idealfall stellt sich ein Heilungserfolg ohne Rückfallrisiko ein. Depressionen überwinden kann aber auch ein besseres Leben mit der Depression sein. Sie spüren, dass es vorangeht und stellen fest, dass die Linderung in kleinen Schritten erfolgt. Es gibt wieder lebenswerte Tage, obwohl Sie die Hoffnung bereits aufgegeben hatten. Verinnerlichen Sie diese kurzen Denkanstöße und lassen Sie sich nicht unterkriegen. Es gibt immer Mittel und Wege. Sie müssen diese nur annehmen und die Wege gehen!

Hilfreiche Maßnahmen gegen das Gefühlschaos

Neben den verschiedensten Therapien ist Selbstfürsorge ein wichtiger Aspekt, um Stimmungsschwankungen sowie Depressionen zu überwinden, sich besser zu fühlen und wieder gesund zu werden. Diese Selbstfürsorge bedeutet nicht, den Lebensstil komplett auf gesund im herkömmlichen Sinne umzustellen. Viel wichtiger sind zwei andere Aspekte. Zuerst müssen Sie alle negativen, belastenden Dinge aus Ihrem Leben eliminieren.

Die Tiefenpsychologie geht davon aus, dass die Depression ein Warnsignal ist und den Betroffenen einen Spiegel vorhält. Das Abbild zeigt, dass Sie mit den Dingen endlich aufhören müssen, die Sie krank machen und belasten. Die negativen Dinge aus dem Leben zu entfernen ist nicht immer ganz einfach.

Vielleicht ist es notwendig, dass Sie Ihr soziales Umfeld ändern, den Job wechseln und bestimmte Menschen einfach meiden, weil diese Ihnen in keinster Weise guttun.

Im Gegensatz dazu gönnen Sie sich Dinge, die Ihnen ein gutes Gefühl geben und Ihnen Freude bereiten. Das ist überaus wichtig! Auszusprechen, was Ihnen guttut und die negativen emotionalen Empfindungen lindern, stellt in vielen Fällen eine große Hürde dar. In einer Therapie lassen sich viele Dinge erarbeiten und Wissen aneignen. Herausfinden, was Ihnen wirklich guttut und Ihre Seele streichelt, ist Ihre Aufgaben. Eine schöne Hilfe ist die To-Do-Liste mit vielen verschiedenen Punkten, die Ihnen in schwierigen Phasen helfen kann. Es werden nicht alle Punkte auf Sie zutreffen und Ihnen gleichermaßen beim Überwinden von Stimmungsschwankungen helfen. Vielleicht finden Sie ja Anregungen, wenn Sie noch gar keine Idee haben:

Tut-Mir-Gut-To-Do-Liste

Outdoor und Natur

- ❖ Zum See oder ans Meer fahren, aufs Wasser schauen und die Gedanken loslassen
- ❖ In den Wald fahren, spazieren gehen und die Natur genießen
- ❖ Barfuß durch nassen Sand am Strand laufen
- ❖ Lieblingsmusik bei Outdoor-Aktivitäten hören
- ❖ An einem schönen Ort innehalten, tief durchatmen und den Blick schweifen lassen
- ❖ Mit einem Lieblingsmenschen spazieren gehen
- ❖ In den Weinbergen wandern und die Sonne genießen
- ❖ Wind und Wetter wahrnehmen und das Leben bewusst fühlen
- ❖ Hinhören, was die Natur zu erzählen hat

- Dem Rauschen von Regen und Wind lauschen
- Bei Sonnenaufgang einen Spaziergang unternehmen
- Mit allen Sinnen die Natur aufnehmen
- Seeluft bewusst einatmen und das Salz des Meeres schmecken.

Körper und Sinne

- ❖ Ein ausgiebiges Vollbad mit entspannenden oder stimulierenden Badezusätzen nehmen
- ❖ Richtig heiß duschen
- ❖ Mit einer Kuscheldecke an den Lieblingsort zurückziehen
- ❖ Entspannende Musik hören
- ❖ Einen Saunabesuch mit allen Sinnen genießen und entspannen
- ❖ Im Thermalbad die heilende Wirkung bewusst genießen
- ❖ Mit Ihrer Lieblingscreme den Körper pflegen und den Duft einsaugen
- ❖ Ein Fußbad durchführen
- ❖ Massagen, um Gedanken loszulassen
- ❖ Auf dem Solarium die Wärme genießen

<u>***Mediale Ablenkung***</u>

- ❖ Alte Filme anschauen und in die Vergangenheit reisen
- ❖ Im Kino einen Film auf Großleinwand anschauen
- ❖ Lustige Filme oder Cartoons anschauen
- ❖ Kopfhörer aufsetzen und richtig laut Musik hören
- ❖ Ein Hörbuch hören und gedanklich in die Handlung eintauchen
- ❖ Ein gutes Buch lesen und in eine andere Welt abtauchen
- ❖ Vorträgen lauschen, die Sie aufbauen und neue Perspektiven aufzeigen

- ❖ In Ihrem Lieblingsrestaurant essen gehen und verwöhnen lassen
- ❖ Einen Cappuccino oder Kaffee in aller Ruhe genießen
- ❖ Einen heißen Kakao mit Sahne trinken
- ❖ Das Lieblingsessen selber kochen und genießen
- ❖ Einen guten Wein trinken und den Geschmack mit allen Sinnen erleben
- ❖ Ein Stück Schokolade essen

<u>***Selbst kreativ werden***</u>

- ❖ Malen und Basteln
- ❖ Gedichte mit Ihren Gedanken und Gefühlen schreiben
- ❖ Handwerkliche Projekte planen und durchführen
- ❖ Mit anderen zusammen ein Projekt umsetzen
- ❖ Ein Instrument spielen
- ❖ Auf einer großen Leinwand malen, Kopf ausschalten und Gedanken fließen lassen
- ❖ Gedanken in einem Tagebuch niederschreiben
- ❖ Singen
- ❖ Etwas selbst gestalten und anderen eine Freude bereiten
- ❖ Zeichnen
- ❖ Stricken

Sport und Bewegung

- ❖ Trainieren gehen und richtig auspowern
- ❖ Boxen
- ❖ Schwimmen
- ❖ Tanzen gehen oder einen Tanzkurs belegen
- ❖ Über eine Stange laufen und sich auf die Atmung und das Gleichgewicht konzentrieren
- ❖ Ein Training mit Ihrem Lieblingsmenschen absolvieren
- ❖ Den Körper beim Mountainbike fahren extrem auspowern
- ❖ Sportarten wie Kickboxen oder Parcours durchführen, wo Sie sich richtig konzentrieren und mitdenken müssen
- ❖ Kurse wie Zumba oder Power-Yoga besuchen

Ablenkung und andere Gedanken

- ❖ Ein schönes Café besuchen
- ❖ Die abendlichen Lichter der Stadt und die Sterne betrachten
- ❖ Ins Auto setzen, Musik an und spazieren fahren
- ❖ Kerzen anzünden und die Atmosphäre des Lichts genießen
- ❖ In ein Straßencafé setzen und andere Menschen beobachten
- ❖ Im Museum die ausgestellte Kunst auf sich wirken lassen
- ❖ Den Kleiderschrank ausmisten neu ordnen und aufräumen
- ❖ Beim Backen und Kochen etwas Neues ausprobieren
- ❖ Das erste eigene Bild malen
- ❖ Zu Hause saubermachen, aufräumen und die Wohnung umgestalten

- ❖ Ein Gespräch mit der/dem besten Freundin/Freund führen
- ❖ Die Eltern besuchen
- ❖ Mit Freunden treffen
- ❖ Menschen treffen, die auch an Stimmungsschwankungen oder Depressionen leiden
- ❖ Menschen treffen, die Sie verstehen und Ihnen guttun
- ❖ Das Zusammensein und die Nähe des Partners genießen
- ❖ Mit dem Partner kuscheln
- ❖ Schick machen und rausgehen
- ❖ Mit anderen chatten und telefonieren
- ❖ Einladungen annehmen, auch wenn es Ihnen nicht so gut geht

<u>Rückzug und Ruhe</u>

- ❖ Im Alltag einfach einmal Smartphone, Telefon, Fernseher, Radio, Computer ausschalten und nichts tun
- ❖ Körperliche Ruhe suchen und einkehren lassen
- ❖ Die Ruhe und die Zeit genießen
- ❖ Nicht reden und nicht zuhören müssen
- ❖ Meditation durchführen
- ❖ einen Rückzugsort schaffen und die Ruhe genießen
- ❖ Ins Bett gehen, Ruhe gönnen und wieder auftanken
- ❖ Abschalten und einfach die Fünf gerade sein lassen
- ❖ Schlafen und weinen zu lassen und die momentanen Emotionen akzeptieren
- ❖ Ruhe und das Alleinsein genießen

<u>*Haustiere als Helfer*</u>

- ❖ Kuscheleinheiten mit Ihrem Hund
- ❖ Den Reitstall als Kraftort nutzen, Stall ausmisten und das Pferd striegeln
- ❖ Verantwortung für das Haustier übernehmen
- ❖ Reiten
- ❖ Mit Ihrem Hund spazieren gehen und spielen
- ❖ Mit Ihrer Katze kuscheln und dem Schnurren zuhören

<u>***Verhaltensmuster und Denkweise***</u>

- ❖ Seien Sie nicht so streng mit sich selbst
- ❖ Schalten Sie das schlechte Gewissen ab und lassen Sie sich treiben und gehen
- ❖ Erfreuen Sie sich an kleinen Dingen
- ❖ Machen Sie sich bewusst, dass eine Depression Ihnen dabei helfen will, krankmachende Dinge loszulassen und ein besseres Leben zu führen
- ❖ Lernen Sie, dass Sie von Ihren Freunden und der Familie geliebt werden, auch wenn Sie nicht gesund sind
- ❖ Befreien Sie sich aus dem schwarzen Loch
- ❖ Nehmen Sie sich selbst an, so wie Sie sind
- ❖ Loben Sie sich und streicheln Sie Ihre Seele
- ❖ Freuen Sie sich über Dinge, die Sie bereits geschafft haben

- ❖ Wenn Sie wieder Energie verspüren, ergreifen Sie die Gelegenheit und starten Sie wieder durch

- ❖ Lassen Sie die Vergangenheit hinter sich und versuchen Sie, positiv in die Zukunft zu schauen

- ❖ Versuchen Sie Dinge aus einem anderen Blickwinkel zu betrachten und anders anzugehen

- ❖ Halten Sie feste Zeiten und Ihren festgelegten Tagesrhythmus ein

- ❖ Setzen Sie sich für bestimmte Dinge feste Termine

- ❖ Lassen Sie negative Gedanken los und denken Sie positiv

- ❖ Reduzieren Sie alles auf das Minimum und machen Sie nur die wichtigen Dinge

- ❖ Akzeptieren Sie Ihren momentanen Zustand

- ❖ Reden Sie sich alles von der Seele

- ❖ Bauen Sie Ihr Selbstwertgefühl auf

- ❖ Stärken Sie Ihre Willenskraft und bieten Sie den negativen Emotionen die Stirn
- ❖ Lernen Sie „NEIN" zu sagen
- ❖ Weinen Sie ruhig. Mit jeder Träne wird die Last auf der Seele leichter
- ❖ Denken Sie darüber nach, warum es so ist, wie es ist
- ❖ Setzen Sie sich kleine überschaubare Zwischenziele, die Sie erreichen können
- ❖ Sagen Sie laut und deutlich, warum es Ihnen nicht gut geht
- ❖ Lassen Sie lethargische Phasen zu
- ❖ Begeben Sie sich in Ihren Schmerz hinein, weinen Sie ruhig bis keine Tränen mehr kommen – vergessen Sie aber nicht, wieder aufzustehen
- ❖ Seien Sie nicht wütend, dass es Ihnen gerade schlecht geht und Sie nichts machen können
- ❖ Lassen Sie schlimme Tage zu. Sie gehen vorbei und darauf folgt ein neuer Tag, in

dem die Chancen gutstehen, dass er
besser wird

- ❖ Genießen Sie die kleinen schönen Momente, die Ihnen Hoffnung geben
- ❖ Lernen Sie mit der Achterbahn der Gefühle umzugehen

Techniken und Therapien

- ❖ Atmen Sie bewusst, tief und langsam ein und aus
- ❖ Machen Sie Yoga
- ❖ Nutzen Sie Aufmerksamkeitsübungen
- ❖ Verwenden Sie autogenes Training
- ❖ Versuchen Sie bei den kleinsten Anzeichen gegenzusteuern
- ❖ Erlernen Sie Achtsamkeit mittels der DBT Therapie
- ❖ Lernen Sie sich mit Entspannungsübungen zu entspannen
- ❖ Entspannen Sie sich mit gedanklichen Fantasiereisen
- ❖ Verdunkeln Sie den Raum, schalten Sie Entspannungsmusik ein, lauschen Sie den Klängen und lassen Sie Ihre Gedanken und Emotionen los
- ❖ Hören Sie Musik, die zur momentanen Situation passt und schütteln Sie den ganzen Ballast ab

- ❖ Nutzen Sie progressive Muskelentspannung
- ❖ Schreien Sie die Gefühle heraus
- ❖ Lesen Sie in Ihrem Tagebuch, in dem Sie schöne Momente aufgeschrieben haben
- ❖ Verhaltenstherapie
- ❖ Interpersonelle Therapie
- ❖ Tiefenpsychologie
- ❖ Kognitive Therapie
- ❖ Elektrokrampftherapie
- ❖ Medikamentöse Therapie

Scheuen Sie sich nicht, professionelle Hilfe anzunehmen und halten Sie sich immer vor Augen, dass Sie nicht alleine betroffen sind. Mit einem Therapeuten zusammen suchen Sie sich Dinge, die Ihnen guttun und entwickeln neue Perspektiven. Darüber hinaus sind Selbsthilfegruppen mit einer psychologischen Begleitung auch eine gute Möglichkeit, mit Depressionen umgehen zu lernen und diese zu überwinden.

Depressionen überwinden und gestärkt in ein neues Leben starten

Setzen Sie sich mit Ihrem Gefühlschaos auseinander, gehen Sie der Entstehung auf den Grund und ergreifen Sie die richtigen Mittel, um Depressionen zu überwinden. Nicht alles, was schnell in die Kategorie Depression eingeordnet wird, ist medizinisch gesehen bereits eine ausgewachsene bipolare oder manisch-depressive Störung. Vielmehr sind Gefühlsschwankung und die Achterbahnfahrt der Gefühle erste Warnzeichen dafür, dass etwas nicht stimmt. Jetzt gilt es genauer hinzuschauen und die Ursachen zu erforschen.

Wann treten die Symptome auf und welche Gefühle stellen sich bei Ihnen ein? Gerade wenn Sie an den Punkt kommen und denken, dass es nicht mehr weiter geht, sollten Sie den Kopf nicht in den Sand stecken.

Jede Situation, die Sie im Leben erleben ist ein Geschenk oder eine Herausforderung, etwas besser zu machen oder zu verändern, damit sich das Ergebnis positiv gestaltet.

Depressive Gefühle beruhen auf negativen Gedanken und Annahmen und werden häufig von Angst begleitet. Der Zusammenhang zwischen Depressionen und Ängsten ist sehr vielschichtig. Indem Sie sich über die Krankheit und die möglichen Stufen einer Depression informieren, lässt sich die Angst reduzieren und sogar überwinden.

Auch wenn Ihr Selbstvertrauen angekratzt und nur ganz wenig Selbstwertgefühl vorhanden ist, können Sie wieder lernen, sich selbst zu vertrauen. Nehmen Sie die Depression an und erkennen Sie die Notfälle, in denen Sie es alleine nicht mehr schaffen.

Sie brauchen sich nicht zu schämen, wenn Sie die Telefonseelsorge anrufen und dem Gesprächspartner erzählen, was Sie gerade so bedrückt. Sie müssen solche Situationen nicht alleine durchstehen. Es gibt so viele Mittel und Wege, die Sie gehen können. Es gibt immer einen Ausweg, um wieder befreiter durchzuatmen und gestärkt in ein neues, positiveres Leben durchzustarten.

Streichen Sie die Worte „Ich muss…" aus Ihrem Sprachgebrauch. Klar gibt es Dinge und Pflichten, die Sie zu erfüllen haben. Lassen Sie sich davon nur nicht unter Druck setzen.

Der erste wichtige Schritt ist, die Krankheit zu akzeptieren und sich mit den entstehenden Gefühlen auseinanderzusetzen. Im Leben wird es immer wieder Situationen geben, in denen Sie keine Leistung erbringen können.

Wenn Sie sich darüber zu sehr den Kopf zerbrechen, begeben Sie sich nur in einen Teufelskreis und verhindern damit, sich mit der Krankheit auseinanderzusetzen.

Nehmen Sie Hilfe an und begeben Sie sich in die Schlacht. Ihre Gefühle sind der Wegweiser für ein besseres Leben. Sie müssen nur akzeptieren, loslassen und den Weg gehen, der Ihnen guttut. Machen Sie den ersten Schritt, überwinden Sie Ihre Verzweiflung und Angst und entdecken Sie die positiven Dinge in Ihre neue Zukunft, die nur auf Sie wartet.

Max Krone

Weitere Inspirationsquellen für Ihre Entwicklung, finden Sie auf Amazon unter Max Krone (in die Amazon Suchmaske eingeben) oder auch in den Büchern von Leoni Herzig, meiner persönlichen Lieblingsautorin in Sachen gezielter Persönlichkeitsentwicklung.

Haftungsausschluss und Impressum

Der Inhalt dieses Buches wurde mit sehr großer Sorgfalt
erstellt und geprüft.
Für die Richtigkeit, Vollständigkeit und Aktualität des
geschriebenen kann jedoch keine
Garantie gewährleistet werden.

Sowie auch nicht für Erfolg oder Misserfolg bei der
Anwendung des gelesenen.
Der Inhalt des Buches spiegelt die persönliche Meinung
und Erfahrung des Autors wider.
Der Inhalt sollte so ausgelegt werden, dass er dem
Unterhaltungszweck dient.
Er sollte nicht mit medizinischer Hilfe verwechselt
werden.

Juristische Verantwortung oder Haftung für
kontraproduktive Ausführung oder falsches Interpretieren
von Text und Inhalt wird nicht übernommen.

Impressum
Autor: Max Krone
vertreten durch:
MAK DIRECT LLC
2880W OAKLAND PARK BLVD, SUITE 225C
OAKLAND PARK, FL 33311
FLORIDA